BEI GRIN MACHT SICH IHR WISSEN BEZAHLT

Paulina Siebeneicher

Interpretation der Parabel "Vor dem Gesetz". Analyse und mehrere Interpretationsansätze der Parabel und Vergleich mit "Der Prozess"

GRIN Verlag

Bibliografische Information der Deutschen Nationalbibliothek:

Die Deutsche Bibliothek verzeichnet diese Publikation in der Deutschen National-
bibliografie; detaillierte bibliografische Daten sind im Internet über http://dnb.d-
nb.de/ abrufbar.

Impressum:

Copyright © 2013 GRIN Verlag GmbH
Druck und Bindung: Books on Demand GmbH, Norderstedt Germany
ISBN: 978-3-656-67489-4

Dieses Buch bei GRIN:

http://www.grin.com/de/e-book/274561/interpretation-der-parabel-vor-dem-gesetz-
analyse-und-mehrere-interpretationsansaetze

Interpretation der Parabel "Vor dem Gesetz"

In der Parabel „Vor dem Gesetz" von Franz Kafka, die sowohl gesondert als auch im Kapitel „Im Dom" des Romans „Der Prozess" des gleichen Autors erschien, geht es um einen Mann vom Lande, dem von einem Türhüter der Zutritt zum Gesetz verwehrt wird, auch wenn dieser in Aussicht stellt, das der Eintritt vielleicht bald möglich sein wird. Aber obwohl der Mann sein gesamtes Leben lang vor dem Tor wartet und alles Erdenkliche versucht, um den Türhüter zu überzeugen, ihn einzulassen, weigert sich dieser und erzählt dem Mann erst bei seinem Tod, dass dieses Tor ausschließlich für ihn gedacht war und der Türhüter es nun schließe.

Die Parabel ist in einer einfachen, schlichten Sprache verfasst und obwohl es sich um eine auktoriale Erzählweise handelt, nimmt der Erzähler kaum Wertungen vor. Um in diesem kurzen Text eine Zeitspanne von vielen Jahren erzählen zu können, greift Kafka zum Stilmittel der Zeitraffung, nur bei den wichtigen Gespräche zwischen den beiden Figuren, dem Mann und dem Türhüter, die zu Anfang und Ende erfolgen, deckt sich die erzählte Zeit mit der Erzählzeit.

In „Der Prozess" ist es ein Geistlicher, der der Hauptperson Joseph K. die Parabel erzählt. Auch wenn die Parabel auch ein eigenständiges Werk ist, bietet es sich an, sie vor dem Hintergrund von „Der Prozess" zu interpretieren, da sie dem Angeklagten K. beim Verständnis seines Prozesses helfen soll und viele Ähnlichkeiten zum Roman aufweist.

Der Leser zieht zunächst die Verbindung zwischen dem Mann vom Lande, der darauf fixiert ist, in das Gesetz eingelassen zu werden, und K., der auf eine ähnlichen juristischen Angelegenheit konzentriert ist: Seinen Prozess. Ihrer beider Leben sind von ihrer jeweiligen Angelegenheit stark eingenommen: Der Mann verbringt sein gesamtes Leben damit, auf Einlass zu warten, und auch auf K.s Leben gewinnt sein Prozess immer mehr Einfluss – er beschäftigt sich zunehmend damit und findet auch heraus, dass immer mehr Menschen, die er kennt, mit dem Gericht zusammenhängen – er ist vom Gericht wie umzingelt. Und sie scheinen nicht die Einzigen zu sein: Während in der Parabel der Mann annimmt, dass alle nach dem Gesetz streben, ist in „Der Prozess" jeder Angeklagte an einem positiven Ausgang seines Prozesses interessiert.

Die zweite große Auffälligkeit ist die Undurchsichtigkeit der beiden Angelegenheiten. In „Der Prozess" weiß K. nicht einmal, warum er angeklagt ist, und auch das Gericht mit seinen vielen verschiedenen Ebenen, von denen K. nur die erste kennenlernt, ist sehr verworren und das Durchdringen zur Obersten oder auch nur zur nächsten scheint unmöglich.

Ganz Ähnlich verhält es sich mit dem Gesetz in der Parabel, das ebenfalls viele verschiedene Ebenen zu besitzen scheint, von denen der Mann nur mit der ersten in Kontakt kommt. Auch hier scheint das Weiterkommen unmöglich. Desweiteren macht der Türhüter sehr ungenaue Angaben mit seiner Aussage, er könne den Mann „jetzt nicht" einlassen, was auch nicht gerade zu Durchsichtigkeit und Klarheit beiträgt.

Auch der Umgang der beiden Hauptfiguren mit dem sich ihnen stellenden Konflikt weist viele Gemeinsamkeiten auf. Zunächst sträuben sich beide dagegen, ihre Lage als schlecht anzusehen, und zeigen sich optimistisch: K. verleugnet seinen Prozess, macht sich über ihn lustig und will ihn nicht anerkennen. Der Mann vom Lande nimmt an, bald eingelassen zu werden, und beschließt deshalb, zu warten, worauf er sich vielleicht nicht einlassen würde, wenn er bereits ahnen würde, dass er sein gesamtes Leben mit Warten verbringen wird. Doch er beschränkt sich nicht allein darauf, neben dem Tor zu sitzen, sondern versucht alles erdenkliche, um den Türhüter dazu zu bewegen, ihn einzulassen. Er wütet, bittet und bettelt und versucht sogar, den Türhüter mit allen Besitztümern, die er dabei hat, zu bestechen. Dieser betont jedoch, er nehme sie nur an, damit der Mann nicht denkt, „etwas versäumt zu haben" (S. 156, Z. 23). Es sei jedoch betont, dass der Mann freiwillig vor dem Tor wartet.

Auch K. schient fasziniert von seinem Prozess und beschäftigt sich zunehmend mit ihm – anfangs betont er noch, wie lächerlich dieser sei, doch ihm wird immer mehr Angst gemacht und nimmt er ihn immer ernster und verwendet immer mehr Zeit darauf, nach Hilfe zu suchen oder selbst Schritte zu seiner Verteidigung zu unternehmen oder die Gerichtsgebäude zu besuchen. Obwohl damit kein ersichtlicher Fortschritt entsteht (oder vielleicht gerade deshalb), vertieft er sich immer weiter in den Prozess und probiert eine Möglichkeit nach der anderen aus, und der Leser gewinnt den Eindruck, dass auch er manche Maßnahmen nur ergreift, um nichts unversucht zu lassen. Auch K.s Bemühungen erfolgen größtenteils aus freiem Willen – nur wenige Male wird er vom Gericht heimgesucht oder herbestellt. Auch K. versucht, einen Mitarbeiter vom Gericht zu bestechen (einen Prügler), und er bittet unter anderem Menschen wie den Bettelmaler Titorelli um Hilfe, die Angestellte seines (bei ihm) erfolglosen Advokaten oder die Frau eines unteren Gerichtsdieners, und bei diesen in der Hierarchie eher unteren Personen, die unmöglich viel Einfluss haben können, zieht der Leser erneut eine Verbindung zu der Parabel, in der der Mann die Flöhe im Pelzkragen des Türhüters um Hilfe bittet – eine deutlich überspitzte und beinahe spöttische Version von K.s Bemühungen.

In „Der Prozess" werden einige kleine Verhöre mit K. angestellt, bei denen der Richter oder die Angestellten des Gerichts sich allerdings nie voll auf K. konzentrieren, sondern abgelenkt Gegenstände auf ihrem Tisch hin und her schieben oder ein sich küssendes Liebespaar beobachten, statt ihm zuzuhören. Auch in der Parabel muss der Mann einige „kleine Verhöre" mit „teilnahmslosen Fragen" über sich ergehen lassen.

Im Laufe seines Prozesses schient K. zu vergessen, dass es noch viel mehr Ebenen des Gerichts gibt, und konzentriert sich voll und ganz auf die unterste, die Einzige, die er erreichen und möglicherweise beeinflussen kann. Genauso ergeht es dem Mann vom Land, für den die unterste Ebene nach einiger Zeit das einzige Hindernis zu sein scheint.

Der Mann wird älter und seine Augen schlechter; es kommt ihm so vor, als würde es *dunkler* um ihn herum. Diese Entwicklung ist mit der von K.s Prozess vergleichbar, der immer schlechter läuft, wie ihm berichtet wird. Dies erweist sich als wahr – K. wird am Ende des Romans von Beamten des Gerichts umgebracht. Auffällig ist, dass er sich nicht wehrt, im Gegenteil – er hilft den Beamten sogar noch, so gut es geht. Auch der Mann vom Land ist am Ende resigniert, er „brummt [...] nur noch vor sich hin" (S. 156, Z. 28). In beiden Fällen endet die Geschichte also mit dem Tod, der alle Bemühungen sinnlos und ein ganzes Jahr oder Jahrzehnte voller Arbeit verloren wirken lässt. Beide Figuren, zunächst noch optimistisch, machen eine Veränderung durch, damit es zu diesem Ende kommen kann: K. ist zunehmend gehetzt, erschöpft, ermüdet, ängstlich und verunsichert, man kann also von einem seelischen Niedergang sprechen. Auch der Mann ist demoralisiert, bei ihm kommen aber noch die Alterserscheinungen hinzu, sein Augenlicht lässt nach, er wird kleiner und wirkt dadurch unterlegen - also ein körperlicher Niedergang.

Nun stellt sich die Frage, woran es liegt, dass die beiden Figuren scheitern – dass K. seinen Prozess verliert und der Mann nicht zum Gesetz vorgelassen wird – oder vor allem: an *wem*? Es ist zunächst festzuhalten, dass von außen, obwohl es angekündigt wird, keine Hilfe kommt. K. sucht sich im Laufe des Romans zwar sehr viele Helfer – seinen Anwalt, mehrere Frauen, den Maler - doch nie ist ein Fortschritt ersichtlich und auch wenn er existieren soll, so wird er doch nicht näher erläutert oder ist für K. spürbar. Im Kontrast dazu werden die Gerichtsbeamten von vielen Menschen, die sie näher kennen, als sehr warmherzig und freundlich dargestellt, die K. helfen wollen – das Verhör beispielsweise diene nur diesem Zweck und der Auskunftgeber, der sich über K. lustig macht, wird von einem Mädchen als sehr großzügig und hilfsbereit K. gegenüber dargestellt, da er ihn aus der Kanzlei hinausbegleitet.

Der Mann vom Lande hat zwar niemanden, der ihm direkt hilft, jedoch sieht der Geistliche, der K. die Parabel erzählt, die Angabe des Türhüters, er könne möglicherweise bald eintreten, als über seine Pflicht hinausgehend an. Der Türhüter wird somit als großzügig und hilfsbereit dargestellt, obwohl auch diese Angabe dem Mann nicht wirklich nützt und letztendlich nicht dazu führt, dass er sein Ziel erreicht.

Trotz ausbleibendem Erfolg werden die Helfer also in beiden Geschichten in ein sehr positives Licht gerückt, als wäre es keinesfalls ihre Schuld, dass K. und der Mann letztlich scheitern. Die Schuld wird hierbei ganz klar den beiden Hauptpersonen selbst zugewiesen.

Der Leser mag dies zunächst vielleicht absurd finden, denn die beiden bemühen sich ja nach allen Kräften und niemand vermag es ihnen zu helfen. Deshalb bin ich der Meinung, dass die „Helfer" mit schuld sind oder zumindest die Bedingungen sehr erschweren. Was aber haben die beiden Protagonisten getan, um zu scheitern – oder vielmehr: was haben sie nicht getan? Betrachten wir zunächst den Mann vom Lande. Das einzige, was ihn am Eintritt hindert, ist das Verbot des Türhüters. Zunächst will er sich dem widersetzen und trotzdem eintreten, doch der Türhüter macht ihm zu viel Angst – vor ihm selbst und den nachfolgenden Türhütern – und so wagt er nicht mehr, durch das Tor zu gehen. Er ist ängstlich und unsicher und obwohl ihm nicht mit Bestrafung von der ersten Ebene gedroht wird, will er lieber in Sicherheit bleiben und kein Risiko eingehen. Er bleibt passiv.

K. verhält sich ähnlich, denn auch ihm wird Angst gemacht. Viele Menschen reden ihm ein, es stehe schlecht um seinen Prozess und er müsse sich fügen, was er schließlich auch tut, doch bestraft wird er nie und es wird auch nicht angedroht: Im Kapitel „Zu Elsa" zum Beispiel widersetzt sich K. dem Befehl, sofort in die Kanzlei zu kommen, da man ihn zwar davor warnt, ungehorsam zu sein, ihm jedoch versichert, dass es keine Bestrafung nach sich ziehen würde. Es ist also größtenteils tatsächlich so, wie der Geistliche auf S. 162 sagt, nachdem er K. die Parabel erzählt hat: „Das Gericht will nichts von dir. Es nimmt dich auf, wenn du kommst, und entlässt dich, wenn du gehst." (Z. 16-18) Ist K. also der Verantwortliche, weil er sich so sehr auf den Prozess konzentriert, als würde er sich für schuldig halten – und das vielleicht sogar letztlich auch tut? Hätte er einfach den Prozess ignorieren und von sich wegschieben können? Hätte der Mann vom Land einfach eintreten können?

Da sind wir schon bei der Intention der Parabel. Nach dieser Auslegung wollte Kafka den Leser dazu auffordern, sein Schicksal aktiv selbst in die Hand zu nehmen und nicht aus Autoritätsfurcht oder Angst und Bequemlichkeit davor zurückzuschrecken – ein klein wenig in Richtung Aufklärung also. Desweitern ist die Parabel voller Paradoxien: die Tür steht zwar offen, aber der Eintritt ist verboten; der Mann strebt nach dem Gesetz, greift aber zu illegalen Bestechungsversuchen; der Geistliche betont zwar die Deutungsvielfalt, definiert gleichzeitig aber jede Deutung als bloßen „Ausdruck der Verzweiflung" über die Unveränderlichkeit der

Schrift; das Augenlicht des Manns wird schwächer und erst jetzt bemerkt er den Glanz, der von der Tür ausgeht; der Eingang ist nur für ihn, aber ihm wird kein Eintritt gewähr. All dies trägt auch nicht gerade dazu bei, das Verbot des Türhüters unumstößlich und fest wirken zu lassen – im Gegenteil, es lädt geradezu zu der Missachtung des Verbots ein. Außerdem unterstreicht es, dass sich das Gesetzsystem des rationalen Verständnisses entzieht.

Die Parabel lässt sich jedoch auch unabhängig von „Der Prozess" interpretieren. Typisch für Texte Kafkas ist zum Beispiel das autobiografische Element – die schlechte Beziehung zu seinem Vater. Das vergebliche, lebenslange Streben des Manns vom Lande nach dem Gesetz könnte man also als das ebenso lange und vergebliche Streben Kafkas nach der Liebe seines Vaters interpretieren.

Das Gesetz könnte man allerdings auch als das „Göttliche" auffassen, nach dem der Mensch strebt und das er nie erreicht, sodass also eine tiefe Kluft zwischen diesen beiden entsteht, oder auch den Türhüter als die autoritäre Staatsmacht, die den Mann (das Individuum) unverstanden und einsam scheinen lässt.

Die Parabel lässt sich also auf viele verschiedene Wiesen deuten, wobei ich die Interpretation, dass der Leser aufgerufen wird, aktiv seine Ziele zu verfolgen, am überzeugendsten finde.